WISSEN MIT PFIFF
NATUR KATASTROPHEN

WAS KINDER ERFAHREN UND VERSTEHEN WOLLEN

Herausgeberin:
Emilie Beaumont

Text:
Cathy Franco

Illustrationen:
Jacques Dayan

Aus dem Französischen von
Katja Massury

ERDBEBEN

Alle 30 Sekunden bebt irgendwo auf der Welt die Erde. Die meisten dieser Erschütterungen, die Erdbeben genannt werden, richten wenig Schaden an. Aber 1- oder 2-mal im Monat findet auf unserem Planeten ein heftiges Beben statt. Die dadurch verursachten Verwüstungen hängen nicht nur von der Stärke der Erschütterungen ab. Auch ein schwaches Erdbeben kann furchtbare Folgen haben, wenn bestimmte andere Faktoren dazukommen: Eine unstabile Bauweise, hohe Bevölkerungsdichte, lockerer Boden oder auch eine schlechte Organisation der Rettungsarbeiten nach der Katastrophe erhöhen die Zahl der Opfer.

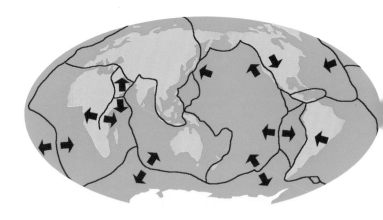

Warum bebt die Erde?

Die Erdkruste ist die äußerste Schicht unseres Planeten. Sie besteht aus riesigen Einzelteilen, den tektonischen Platten, die sich wie ein Puzzle zusammenfügen. Diese Platten bewegen sich sehr langsam auf dem Magma fort, einem flüssigen Gestein im Erdinneren. Durch die Bewegung können Erdbeben entstehen. Die Beben sind besonders heftig, wenn die Platten zusammenstoßen oder sich beim Gleiten ineinander verhaken. Die meisten Erdbeben entstehen an den Rändern der Platten.

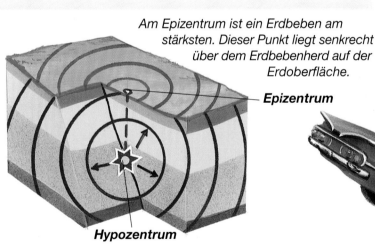

Am Epizentrum ist ein Erdbeben am stärksten. Dieser Punkt liegt senkrecht über dem Erdbebenherd auf der Erdoberfläche.

Epizentrum

Hypozentrum

Was passiert bei einem Erdbeben?

Die Stelle, an der das Gestein bei einem Erd-beben aufbricht, heißt Herd oder Hypozentrum. Sie kann unterschiedlich tief liegen. Die dabei freigesetzte Energie ist so groß, dass sie Erschütterungen verursacht: so genannte Erdbebenwellen oder seismische Wellen. Diese breiten sich manchmal ringförmig bis an die Erdoberfläche aus und können sich über sehr weite Gebiete erstrecken.

oben: Anchorage (Alaska), 1964

Das Beben der Stärke 8,2 auf der Richter-Skala dauerte 4 Minuten: Ein Rekord in der Geschichte der Erdbeben.

unten: Kobe (Japan) 1995

Das Erdbeben der Stärke 7,2 auf der Richter-Skala war eines der schlimmsten, von denen Japan in den letzten 20 Jahren heimgesucht wurde. Bilanz: 5500 Tote.

Wie stark ist das Beben?

Seismologen, so heißen Erdbebenforscher, messen die Stärke eines Erdbebens mit Seismographen. Diese hoch sensiblen Geräte werden in gefährdeten Gebieten aufgestellt. Sie registrieren die kleinsten Erschütterungen des Bodens und zeichnen sie automatisch auf Papier auf. Je stärker die Erschütterungen sind, desto verheerender ist meist das Erdbeben. Die bekannteste Einteilung, um die Stärke von Erdbeben zu messen, ist die Richter-Skala. Sie ist in neun Stufen untergliedert. Bei jedem Beben der nächsthöheren Stufe verdreißigfacht sich die durch die Stöße freigesetzte Energie.

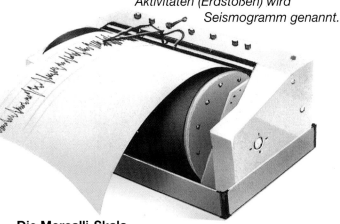

tragbarer Seismograph

Die Aufzeichnung von seismischen Aktivitäten (Erdstößen) wird Seismogramm genannt.

Die Mercalli-Skala

Die Mercalli-Skala misst das Ausmaß des Schadens, der durch das Erdbeben entstanden ist, nicht die Stärke des Bebens. Sie ist in 12 Stufen eingeteilt.

Verheerende Folgen

In der Stadt sind Erdbeben am gefährlichsten. Häufig lösen geborstene Gasleitungen Brände aus. Die Feuerwehr kann sie nicht löschen, da auch die Wasserleitungen zerstört sind. Stromleitungen sind gerissen und die meisten Zufahrtswege sind nicht befahrbar. Das behindert die anrückenden Rettungsmannschaften, sodass sich die Zahl der Opfer erhöht.

San Francisco (USA), 1906
Stärke 8,3 auf der Richter-Skala

Der durch das Erdbeben verursachte Brand breitete sich in der ganzen Stadt aus und zerstörte sie fast völlig.

In nur 30 Sekunden wurde die Stadt Kobe 1995 durch ein Beben zerstört.

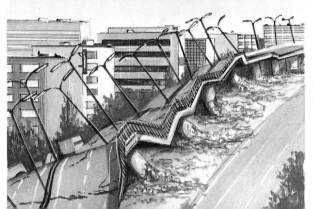

In Kobe entstanden gewaltige Sachschäden: Zuggleise wurden verbogen, Brücken- und Straßenkonstruktionen stürzten ein.

Unter Kontrolle: San Andreas

Kalifornien liegt auf der Schnittstelle zweier tektonischer Platten, die über eine Länge von 1100 km an der San-Andreas-Spalte entlanggleiten (A). Häufig verkeilen sich dabei die Ränder der Platten. Wenn sie sich gewaltsam wieder voneinander lösen, verursachen sie heftige Erschütterungen. Es wurde bereits angekündigt, dass in dieser Gegend bald ein gewaltiges Beben stattfinden soll, das so genannte „Big One". Leider weiß niemand, wann genau es eintreten wird, denn nicht immer gehen einem Erdbeben eindeutige Zeichen voraus. Man versucht deshalb, den Schäden vorzubeugen, die eine solche Naturkatastrophe verursachen würde: Es werden erdbebensichere Häuser errichtet, die den starken Stößen standhalten können (B), und die San-Andreas-Spalte wird ständig überwacht

Die Ränder der San-Andreas-Spalte verschieben sich jedes Jahr um 6 Zentimeter.

SAN FRANCISCO

San-Andreas-Spalte

LOS ANGELES

Die Transamerica Pyramid in San Francisco wurde auf einem soliden Fundament erbaut. Ein Federungssystem dämpft die Erderschütterungen ab. Alle Wände und Decken sind miteinander verbunden, damit das Gebäude im Ernstfall nicht wie ein Kartenhaus in sich zusammenfällt.

In dieser Beobachtungsstation befindet sich ein Geodimeter mit Laserstrahl. Dieses Gerät misst jede Erdbewegung in der Nähe der San-Andreas-Spalte auf den Millimeter genau. Dazu wird ein Laserstrahl auf Reflektoren gerichtet, die an strategischen Punkten entlang der San-Andreas-Spalte aufgestellt sind. Von dort wird er wieder zum Geodimeter zurückgesandt, sodass man feststellen kann, ob der Abstand gleich bleibt.

Die Stadt Izmit in der Türkei liegt am Epizentrum des Erdbebens vom August 1999. Sie wurde stark verwüstet.

Ein furchtbares Beben in der Türkei

Am 17. August 1999 um drei Uhr morgens überraschte ein Erdbeben der Stärke 6,9 auf der Richter-Skala die Nordtürkei. Die Häuser stürzten über den schlafenden Menschen zusammen. Schon seit 1939 ist diese Gegend immer wieder durch Erdbeben bedroht. Dennoch entsprachen viele Häuser nicht den Bauvorschriften für gefährdete Gebiete. 30 000 Menschen kamen ums Leben.

Für den Fall der Katastrophe …

In Risikogebieten lernen die Menschen, wie sie sich bei einem Erdbeben zu verhalten haben. In Japan, im Südwesten der Vereinigten Staaten und in der Umgebung von Nizza in Frankreich werden zum Beispiel regelmäßig Katastrophenübungen an den Schulen durchgeführt. Die Stühle und Tische sind zwecks größerer Stabilität am Boden festgeschraubt.

Leben retten: Schnell und richtig handeln

Nach einem Erdbeben müssen die unter den Trümmern verschütteten Menschen so schnell wie möglich befreit werden. Das ist Aufgabe der Spezialisten vom „Räum- und Rettungsdienst". Dabei handelt es sich um eine äußerst gefährliche Angelegenheit: Um zu den Verletzten vorzudringen müssen die Helfer zwischen die Betonbrocken kriechen. Damit das Gebäude nicht weiter einstürzt, muss es für die Räumungsarbeiten gleichzeitig gesichert werden. Aber das ist noch nicht alles: Die Helfer müssen sich außerdem stets fluchtbereit halten für den Fall eines Nachbebens. Denn dem Hauptbeben folgen oft Nachbeben, die im Laufe der Tage oder Wochen allmählich schwächer werden.

Mit extra dafür ausgebildeten Spürhunden machen sich die Rettungsmannschaften auf die Suche nach den Opfern (1). Sie benutzen dabei eine Wärmebildkamera (2): Diese kann Überlebende aufgrund ihrer Körperwärme orten. Es werden auch akustische Geräte zu Hilfe genommen, die mit Kopfhörer und Mikrofon ausgestattet sind (3).

VULKANAUSBRÜCHE

An den Rändern der tektonischen Platten, die die Erdkruste bilden, finden die meisten Vulkanausbrüche statt. Dabei bahnt sich Magma aus dem Erdinneren einen Weg an die Oberfläche. Wenn die Lava in Form eines flüssigen Stromes austritt, spricht man von effusiver Tätigkeit. Gefährlicher sind Vulkane, bei denen dies explosionsartig geschieht. Vulkanforscher überwachen heute fortwährend jene Vulkane, die Anzeichen von Aktivität zeigen. Der Zeitpunkt eines Ausbruchs kann inzwischen vorhergesagt werden, Dauer und Intensität lassen sich jedoch noch nicht im Voraus berechnen.

Risikogebiet Japan

Die schlimmsten Vulkanausbrüche finden in den Subduktions-Zonen statt. Dies sind Gegenden, unter denen die tektonischen Platten zusammenstoßen oder sich untereinander schieben. Japan ist besonders gefährdet, weil hier vier Platten unablässig in Bewegung sind.

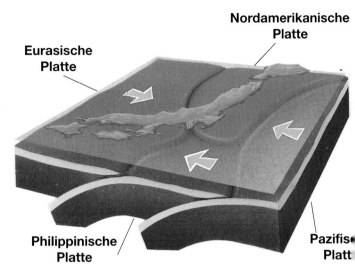

Eurasische Platte
Nordamerikanische Platte
Philippinische Platte
Pazifis... Platt...

Die Pazifische Platte schiebt sich jedes Jahr 10 cm weiter auf Japan zu. An den Küsten des Pazifischen Ozeans befinden sich die aktivsten Vulkane.

Lavaströme

Lavaströme richten gewaltige Schäden an. Sie sind in der Regel aber so langsam, dass die Bevölkerung noch rechtzeitig flüchten kann. Heute kann man einen Lavastrom umleiten und dadurch verhindern, dass er ein bewohntes Gebiet zerstört. Auf dem Ätna in Italien wurde dies bereits in die Tat umgesetzt.

Parallel zum Lavastrom hebt man einen Graben aus (A) und bohrt Löcher in die der Lava zugewandte Seitenwand. In die Löcher steckt man Dynamitstangen, die durch spezielle Rohre vor der Hitze geschützt sind (B). Durch die Sprengung kann man den Lavastrom umleiten.

Der Schlamm aus Vulkanasche und Wasser wird hart wie Zement.

Fürchterliche Schlammlawinen

Die so genannten Lahars entstehen, wenn sich nach einem Vulkanausbruch die Vulkanasche mit Regen vermischt. Auch der Ausbruch eines schneebedeckten Vulkans, bei dem der Schnee auf dem Gipfel durch die große Hitze schmilzt, kann zu einem Lahar führen. So wurde zum Beispiel 1985 in Kolumbien die Stadt Armero unterhalb des Vulkans Nevado del Ruiz von einer über 20 m hohen Schlammwelle zerstört. 23 000 Menschen starben.

Das Wetter spielt verrückt

Der heftige Auswurf von Asche kann ein ganzes Gebiet in Dunkelheit tauchen und zu extremen Wetterlagen führen (Temperaturstürze, starker Wind, Regenfälle ...) Dies geschah erst 1991 nach dem Ausbruch des Vulkans Pinatubo auf den Philippinen. Die ausgeworfene Asche verdunkelte die Sonne und verursachte eine künstliche Nacht. Manchmal wird das Klima sogar weltweit gestört: Die Vulkanasche wird über 10 km hoch in die Luft geschleudert und umkreist auf dieser Bahn die ganze Erde.

...ch dem Ausbruch des Pinatubo 1991 herrschte künstliche Nacht.

Glutwolken

Glutwolken sind Lawinen aus glühender Asche und brennenden Gasen. Ihre Temperatur beträgt etwa 200 °C und sie können eine Geschwindigkeit von 500 km/h erreichen! Häufig werden sie durch eine seitliche Explosion des Vulkans ausgelöst, wie zum Beispiel beim Ausbruch des Mount St. Helens in den USA am 18. Mai 1980. Ganze Wälder wurden damals durch die Druckwelle gefällt. Glücklicherweise konnte die Bevölkerung schnell evakuiert werden. Es waren für das Ausmaß der Katastrophe relativ wenige Opfer zu beklagen: 61 Menschen starben.

Trauriger Rekord

Besonders schlimme Folgen bei Vulkanausbrüchen verursachen Glutwolken. 1902 steckte beim Ausbruch des Mont Pelée auf Martinique eine Glutwolke die Stadt Saint-Pierre in Brand und tötete innerhalb von zwei Minuten 36 000 Menschen! Auch die Bewohner von Pompeji wurden im Jahre 79 n. Chr. durch eine Glutwolke getötet.

TROPISCHE WIRBELSTÜRME

Tropische Wirbelstürme sind von außerordentlicher Heftigkeit. Sie entstehen über warmen Meeren aus aufsteigendem Wasserdampf. Aus diesem bilden sich Wolken, die spiralförmig umeinander wirbeln. Besonders gefährlich sind Wirbelstürme in Küstengebieten: Der Wind, der Geschwindigkeiten von über 200 km/h erreichen kann, und vor allem Überschwemmungen bedrohen die Bevölkerung. Je nach Ort ihres Auftretens tragen die Stürme unterschiedliche Namen: Hurrikan, Taifun, Willy-Willy oder Zyklon.

Wo entstehen Wirbelstürme?

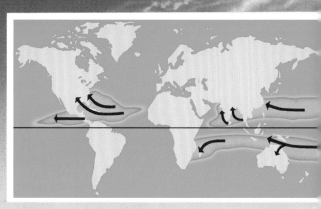

Die tropischen Wirbelstürme bilden sich über dem Meer, wenn die Wassertemperatur 26 °C übersteigt. Sie können tausende von Kilometern zurücklegen und mehrere Wochen lang wüten. Sobald sie kältere Meere erreichen oder ins Landesinnere vordringen, werden sie schwächer, denn Energie verleiht ihnen ausschließlich die feuchtwarme Luft. Tropische Wirbelstürme entstehen auf der Nordhalbkugel von Juni bis November und auf der Südhalbkugel von November bis Mai.

Gilbert der Schreckliche

Am 12. September 1988 wütete auf Jamaika der Hurrikan Gilbert und forderte 260 Menschenleben. Die Windgeschwindigkeit erreichte 325 km/h und Wellen von 6 m Höhe überfluteten die Insel. Dieser Wirbelsturm erreichte auf der Saffir-Simpson-Skala, nach der Hurrikane eingeteilt werden, mit der Stufe 5 die höchste Stufe.

Haus mit sturmsicheren Fensterläden

Sturmjäger

Meteorologen, so heißen Wetterforscher, durchfliegen mit gepanzerten Flugzeugen Wirbelstürme, um die Windstärke zu messen und weitere Daten zu sammeln. Das riskante Unterfangen ist notwendig, wenn man genauere Kenntnisse über das Wetterphänomen erlangen möchte. Nur so kann man seinen katastrophalen Folgen vorbeugen.

Feuchtwarme Luft steigt auf und formt sich zur Spirale. Im Auge, dem Zentrum, sinkt trockene, kalte Luft nach unten.

Wie ist ein Wirbelsturm beschaffen?

Im Zentrum des Wirbelsturms, dem so genannten Auge, weht der Wind nur schwach und der Himmel ist klar. Um das Auge herum kreisen heftige Winde. Wirbelstürme bewegen sich mit einer Geschwindigkeit von 30 bis 35 km/h fort. Ihre Fläche kann größer sein als die von Deutschland!

Bei Gefahr flüchtet man am besten ins Landesinnere. Vorher versucht man noch so viele Gegenstände wie möglich sturmsicher zu befestigen: Boote, Autos, Lastwagen … Spezielle Fensterläden verhindern, dass der Wind ins Haus eindringt und die Dächer von unten abhebt.

Wirbelstürme überwachen

Mithilfe von Wettersatelliten können Erde und Wolken fotografiert werden. So entdeckt man Wirbelstürme schon während sie entstehen. Man kann ihren Weg verfolgen und die bedrohte Bevölkerung frühzeitig warnen. Arme Länder wie Bangladesch haben aber leider häufig nicht die Mittel, um die zahlreichen Einwohner zu evakuieren. Dort ist es auch schwierig, alle Menschen mit der Warnung zu erreichen: Viele besitzen nicht einmal ein Radio. In solchen Fällen können Wirbelstürme Zehntausende Opfer fordern.

TORNADOS

Diese trichterförmigen Wirbelwinde bewegen sich rasend schnell fort: mit 50 bis 105 km/h! Mit unvorstellbarer Heftigkeit, die die der tropischen Wirbelstürme noch übersteigt, reißen sie auf ihrem Weg ganze Häuserteile, Bäume, Fahrzeuge, Vieh oder Menschen mit sich. Tornados sind die gewaltigsten Wetterphänomene, die es gibt. Kein Gebiet der Welt bleibt von ihnen verschont. In den USA treten sie häufig in sehr kurzen Abständen auf. 1974 wurde die Mitte des Landes innerhalb von 24 Stunden von 148 Tornados heimgesucht. Man zählte 315 Tote, mehrere Tausend Menschen wurden obdachlos.

Wie entsteht ein Tornado?

Tornados entstehen durch starke Gewitter über dem Land, wenn warme Luft aufsteigt und eine Wolke zerteilt. Dann bildet sich eine Art Siphon, in den die kalte, absinkende Luft aus den oberen Schichten der Atmosphäre wirbelnd einströmt (wie Wasser, wenn man ein Waschbecken ablaufen lässt). Diese Luftmassen senken sich trichterförmig zum Boden herab. Das spitze Ende des Tornados, der so genannte Rüssel, hat die Sogwirkung eines riesigen Staubsaugers.

In „Tornado Alley" leben

Die USA sind am stärksten von Tornados betroffen – über 700 sind pro Jahr zu verzeichnen. Die meisten bilden sich in der weiten Ebene zwischen Texas und Illinois, die deshalb den Namen „Tornado Alley" (Tornado-Gasse) bekam. Die dortigen Bewohner haben alle einen Bunker im Garten, in dem sie bei Gefahr Schutz suchen können.

Kanada

USA

Mexiko

Ein Tornado bewegt sich sprunghaft fort. Das erklärt, warum einige Häuser verschont bleiben und andere nicht.

Tornado-Schutzbunker

Ein Tornado hat einen Durchmesser von einigen hundert Metern und dauert 5 bis 30 Minuten. Durch seine plötzlichen Richtungsänderungen ist er unberechenbar.

Die Windgeschwindigkeit eines Tornados kann über 500 km/h erreichen. Kein Wunder, dass er eine so ungeheure Gewalt hat.

Berufsrisiko

Einige Wissenschaftler suchen extra die Nähe von Tornados, um sie zu erforschen. Dazu bauen sie in ungefähr 20 Sekunden eine tragbare, äußerst stabile Wetterstation vor dem herannahenden Sturm auf, über die er dann hinwegfegt. Währenddessen führt die Station verschiedene Messungen durch.

Unglaublich, aber wahr!

Tornados können unglaubliche Auswirkungen haben: Hühner, die durch die außergewöhnliche Kraft des Sturms bei lebendigem Leib gerupft wurden; Strohhalme, die wie Nägel in eine Betonmauer versenkt wurden; 13 Schüler, die von ihrem Schulhof gerissen und einige Kilometer weiter unversehrt wieder abgesetzt wurden. Letzteres geschah 1986 in China.

ÜBERSCHWEMMUNGEN

Zu Hochwasser und Überschwemmungen kommt es, wenn starke Regenfälle die Flüsse über die Ufer treten lassen. Je schneller die Flüsse anschwellen, desto gefährlicher ist es. In einigen asiatischen Ländern werden durch jahreszeitlich bedingte Niederschläge, die Monsunregen, jedes Jahr weite Landstriche überflutet. Die katastrophalsten Überschwemmungen verursachen jedoch Wirbelstürme. Vom Wind aufgewühlt, brechen riesige Flutwellen über die Küstengebiete herein und verschlimmern die bereits durch den heftigen Regen entstandenen Schäden enorm.

Die Sintflut

Die Bibel erzählt die Geschichte von einer fürchterlich Überschwemmung, der Sintflut, die sich über die ganze Erde erstreckte. Ein Mann namens Noah bau auf Gottes Befehl hin eine Arche (ein Schiff), um sei Familie und sämtliche Tierarten z retten. Archäologische Funde verraten uns heute, dass es 3200 v. Chr. wirklich eine riesige Überschwemmun gegeben hat. Sie wurde durch das Hochwasser c Flusses Euphrat in Meso potamien, dem heutigen Irak, ausgelöst. Sie war von einem solchen Ausmaß, dass die Bewohner tatsächlich glauben konnten, die ganze Erde sei überflute

Dieser Kupferstich aus dem 12. Jh. zeigt die Arche Noah.

Blitzartige Überschwemmung

Im Juli 1996 fiel im südlichen Teil der kanadischer Provinz Quebec in zwei Tagen mehr als 3-mal so viel Regen wie sonst im ganzen Monat. Ein Damm gab unter dem Wasserdruck nach und mehrere Brücken wurden weggeschwemmt. Die Stadt La Baie wurde fast völlig zerstört. Mancherorts erreichte das Wasser in wenigen Stunden 6 m Höhe.

1996 kam es in der kanadischen Provinz Quebec zu einer verheerenden Überschwemmung. Zehntausende Menschen mussten vor den Fluten in Sicherheit gebracht werden. Die Bewohner der Stadt La Baie wurden mit Hubschraubern evakuiert. Dehalb waren zum Glück nur verhältnismäßig wenig Tote zu beklagen: Acht Menschen starben.

Staudämme

Durch Staudämme kann man den Wasserstand von Flüssen regulieren. Es gibt verschiedene Bauweisen: Die Bogenstaumauer hat eine gebogene Form, um dem hohen Wasserdruck besser standzuhalten. Wenn es viel regnet, wird die aufgestaute Talsperre zum Auffangbecken. Sie hält das überschüssige Wasser zurück und lässt es nach und nach abfließen. Es kommt jedoch vor, dass ein Staudamm unter dem Gewicht der Wassermassen zusammenbricht und eine wahre Katastrophe auslöst.

Ein notwendiges Übel

In Indien bringt der Monsun, ein jahreszeitlicher warmer Wind, jedes Jahr strömenden Regen mit sich. Ungefähr drei Monate lang prasselt er im Sommer auf die Erde nieder und setzt Stadt und Land unter Wasser. Der Dauerregen wird aber sehnlichst erwartet, denn man braucht ihn für den Reisanbau. Reis ist das Grundnahrungs-mittel der Bevölkerung und wächst nur auf überfluteten Böden.

Wenn der Mississippi über die Ufer tritt

Der 3780 km lange Mississippi führt alle fünf Jahre Hochwasser. Da er nur ein geringes Gefälle hat, breitet sich das Wasser seitlich aus. Es bedeckt über weite Flächen die umliegenden Ebenen und steigt deshalb nur langsam an. So haben die Bewohner genügend Zeit ihre Häuser zu verlassen. Dennoch entstehen beträchtliche Schäden.

Die abschüssige Lage und die engen Straßen der Stadt La Baie vergrößerten den Wasserdruck um ein Zehnfaches. Das Wasser verwandelte sich in einen tobenden Sturzbach, der auf seinem Weg Brücken, Häuser und Autos mitriss.

Der Tsunami von Honshu

Am 15. Juni 1896 hatten sich zahlreiche Japaner an der Nordküste der Insel Honshu zu einer religiösen Zeremonie versammelt. Irgendwann war ein leichter Erdstoß zu spüren, aber nur wenige schenkten ihm Beachtung.

Eine Stunde nach Beginn des Festes wich das Meer so plötzlich mehrere Hundert Meter zurück, dass die Fische zappelnd auf dem Sandboden zurückblieben. In Aufruhr geraten, drängten sich die Menschen am Ufer zusammen. 20 Minuten vergingen.

Plötzlich tauchte eine gewaltige Wasserwand von mehr als 20 m Höhe auf. Sie begrub auf einer Länge von 270 km den gesamten Küstenbereich unter sich. 28 000 Menschen ertranken. Dieser Tsunami wurde durch ein unterseeisches Erdbeben ausgelöst. Weitaus verheerender war jedoch der Tsunami, der am 26. Dezember 2004 die Küsten Südostasiens verwüstete und Hunderttausende Menschen in den Tod riss.

Wie bildet sich ein Tsunami?

Ein Tsunami wird durch Erschütterungen des Meeresbodens ausgelöst, die bei Vulkanausbrüchen, Erdbeben oder einem Erdrutsch entstehen. Das aufgewühlte Wasser bildet eine Welle, die mit einer Geschwindigkeit von bis zu 700 km/h durch den Ozean bricht. Sie erreicht die Küste in Form einer riesigen Woge, die so hoch sein kann wie ein 15-stöckiges Gebäude. An der Küste kündigt häufig ein Zurückweichen des Wassers einen herannahenden Tsunami an.

Sturm-Schutzhütte

15 000 Männer wurden gebraucht, um an der Mündung des Flusses Feni, also an der Stelle, an der er ins Meer fließt, einen Damm zu bauen. Dieser soll verhindern, dass Flutwellen den Fluss über die Ufer treten lassen.

Land der Überschwemmungen

Bangladesch leidet aufgrund des Monsunklimas häufig unter Überschwemmungen. Der strömende Regen lässt regelmäßig die drei großen Flüsse, die das Land durchziehen, über die Ufer treten. An der Küste kommt es zu fürchterlichen Flutwellen. Jedes Jahr sterben Zehntausende Menschen durch die gewaltigen Überschwemmungen, die dieses flache, am Meer liegende Land verwüsten. An den Küsten wurden deshalb in 4 m Höhe über dem Erdboden stabile Sturm-Schutzhütten gebaut.

Wie kann man sich vor Tsunamis schützen?

Zum Schutz vor Tsunamis muss der Meeresgrund ständig überwacht werden. Dazu verwendet man Seismographen: Diese Geräte spüren die geringste Bewegung des Meeresbodens auf. Den Pazifik, der stark von Erdbeben und Vulkanausbrüchen bedroht ist, haben die Wissenschaftler besonders streng im Visier. Auf einer Karte wird eingezeichnet, wie lange eine Flutwelle von einem bestimmten Ort im Pazifik bis nach Tokio, Valparaiso, San Francisco oder Kodiak bräuchte.

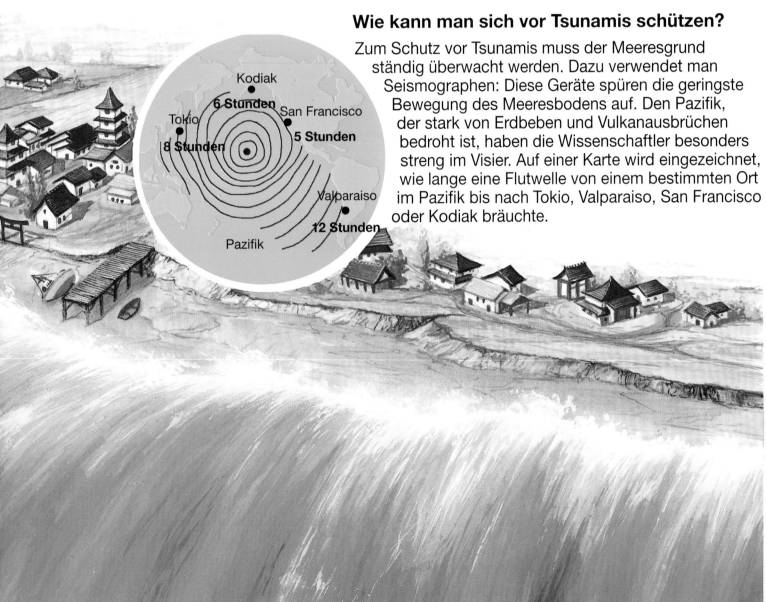

DÜRREZEITEN

Wenn es über einen langen Zeitraum hinweg nicht regnet, gehen die Wasserreserven zu Ende und die Erde trocknet aus. Eine solche Dürrezeit ist größtenteils auf natürliche Faktoren wie Klimaschwankungen oder veränderte Sonneneinstrahlung zurückzuführen, wird aber häufig durch den Menschen verschlimmert. Fast jedes Gebiet auf der Welt kann davon bedroht sein. Besonders verheerend sind Dürrezeiten dort, wo schon unter normalen Umständen große Trockenheit herrscht. Um Dürrekatastrophen zu verhindern muss man Wasser auffangen und speichern. Das ist oft aber nicht möglich.

Tragödie im Sahel

Am Rande der Sahara gelegen, macht der Sahel ein Fünftel des afrikanischen Kontinents aus. Von 1968 bis 1975 wurde dieses Gebiet von einer fürchterlichen Dürre heimgesucht. Die Erde trocknete aus und zerfiel zu Staub. Die Ernten verdorrten und das Vieh verendete. Eine katastrophale Hungersnot folgte. Mehr als 500 000 Menschen starben.

Vom Weideland zur Staubwüste

Von 1931 bis 1938 wurden die USA von einer der schlimmsten Trockenperioden ihrer Geschichte heimgesucht. Die große sattgrüne Prärie des Mittleren Westens verwandelte sich in eine fruchtlose Staubwüste. Den Farmern war ihre komplette Lebensgrundlage entzogen. Sie mussten die Gegend und all ihr Hab und Gut verlassen.

Die Dürre verwandelte Tausende Tonnen fruchtbarer Erde zu Staub, der vom Wind über das Land getrieben wurde.

Einfache Lösungen

Heute sind mehr als zehn afrikanische Länder von Dürrekatastrophen bedroht. Ausgerechnet dort lebt außerdem der Großteil der Bevölkerung von der Landwirtschaft! In Burkina Faso, am Rande der Sahara, bauen die Bauern deshalb kleine Erddämme, um das Wasser der seltenen Regenfälle aufzufangen. Zum Schutz der Dämme werden Bäume gepflanzt. Sie sollen die Ausdehnung der Wüste verhindern. Ihre Wurzeln festigen den Boden und verhindern, dass er sich in Staub verwandelt. Außerdem erhöhen Bäume die Luftfeuchtigkeit.

Überweidung, intensive Landwirtschaft auf ohnehin trockenen Böden und das Fällen von Bäumen haben die Bedrohung durch die Dürre im Sahel verschärft. Die Wüste hat sich ausgedehnt.

Rinder brauchen 30 l Wasser am Tag.

Feuersbrünste

In Dürrezeiten breiten sich Brände schnell aus und können große Flächen Land vernichten. Dabei sind besonders Wälder in Gefahr, da Holz dem Feuer stets neue Nahrung gibt. Wenn in Kalifornien die „Canadairs", das sind Spezialflugzeuge für das Löschen von Waldbränden, nicht mehr ausreichen, werden „smoke jumpers" (wörtlich „Rauchspringer") mit dem Hubschrauber mitten im Flammenmeer abgesetzt. Diese Männer sind ausgezeichnet ausgebildet und werden als Helden gefeiert. Sie bekämpfen das Feuer aus unmittelbarer Nähe und sind meist sehr erfolgreich.

LAWINEN

Lawinen sind gewaltige Schneemassen, die den Berghang
hinunterstürzen. Ihre Geschwindigkeit
hängt von der Schneebeschaffenheit,
von der Hangneigung und von der
Höhe ab, in der sie abgehen. Sie
können auf ihrem Weg Felsen und
Baumstämme mitreißen, ganze Dörfer
verwüsten und die Zufahrtswege
abschneiden, indem sie Straßen
und Eisenbahnschienen zerstören.
Meistens entstehen sie, wenn nach
einem Wärmeeinbruch starke Winde
oder reichlicher Schneefall die
Schneedecke destabilisieren.
Dann genügt schon ein
vorbeifahrender Skifahrer, um
eine Lawine auszulösen.

Hochgefährlich

Jedes Jahr fordern Lawinen auf der ganzen Welt
viele Opfer. 1962 kostete allein die Lawine am
Berg Huascarán in Peru 35 000 Menschen das
Leben und begrub acht Dörfer unter einer
Schneedecke von bis zu 20 m Höhe.
In den Alpen sind hauptsächlich Skifahrer von der
Lawinengefahr betroffen. Deshalb empfiehlt man
ihnen, vor dem Aufbruch den Wetterbericht zu
verfolgen und bestimmte Gegenden zu meiden.

Kleines Gerät mit großer Wirkung

Langläufer und Skifahrer, die
außerhalb der Loipen und Pisten
unterwegs sind, sollten ein LVS-
Gerät mitnehmen. Durch diese
kleine Sende- und Empfangs-
station mit einer Reichweite
von bis zu 80 m kann man
als Lawinenopfer leichter
gefunden werden.

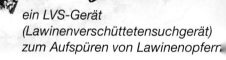

*ein LVS-Gerät
(Lawinenverschüttetensuchgerät)
zum Aufspüren von Lawinenopfern.*

Schneebrettlawinen

Schneebrettlawinen sind nicht
vorhersehbar und daher besonders
gefährlich. Sie entstehen dadurch,
dass sich ein fester Schneestollen
mit einer Breite von 30 cm bis zu 2 m
plötzlich vom Berghang ablöst und
auf älteren Schneeschichten abgleitet.

Grundlawinen

Grundlawinen lösen sich vor allem im
Spätwinter und im Frühjahr nach einem
Temperaturanstieg. Sie bestehen aus
nassem Schnee und bewegen sich mit
einer Geschwindigkeit von 30 bis 50 km/h
fort. Meist gleiten sie in schon bekannten
Bahnen ab.

Staublawinen

Staublawinen rasen als riesige Wolke
aus Luft und frischem, sehr lockerem
Schnee den Berg hinunter. Sie können
Geschwindigkeiten von 400 km/h
erreichen. Der starke Luftdruck verwüstet
Wälder und Dörfer. Werden Skifahrer
von ihr erfasst, ersticken sie häufig.

Die Rettungsarbeiten

Die Überlebenschancen von Lawinenopfern hängen davon ab, wie tief sie verschüttet sind, um welchen Schneetyp es sich handelt und wie schnell sie gerettet werden können. Man setzt alle Mittel ein, um die Überlebenden so schnell wie möglich zu finden und zu bergen: Hubschrauber, Hundestaffeln, Bergwacht, Skiwacht, Feuerwehr, Ärzte, Freiwillige. Ausgestattet mit Lawinensonden, das sind etwa 3 m lange Metallstäbe, suchen Bergungsmannschaften in engen Reihen die Stellen ab, an denen die Opfer das letzte Mal gesehen wurden.

Mit seinem ausgeprägten Geruchssinn ist der Lawinenhund unersetzbar beim Aufspüren von Lawinenopfern. Er kann eine Fläche von einem Hektar in einer halben Stunde absuchen. Sobald er einen Verschütteten entdeckt hat, hält er kurz inne und scharrt mit den Vorderpfoten im Schnee, um den Hundeführer aufmerksam zu machen.

Was tun?

Bewohnte Gebiete müssen gegen die verheerenden Auswirkungen von Lawinen geschützt werden. Dazu dienen verschiedene Verbauungen: Auf den Bergkämmen fangen Verwehungsverbauungen den starken Wind ab und verhindern damit gefährliche Schneeablagerungen (1). Stützverbau an den Hängen spaltet Schneebretter in kleinere Teile und verringert das Ausmaß der Lawine (2). Bremskeile nehmen ihr den Schwung (3). Tunnel schützen die Verkehrswege (4). Ist die Lawinengefahr sehr groß, wird die Bevölkerung evakuiert und der Zugang zu den Pisten verboten. Die Lawine wird dann künstlich durch eine Sprengung ausgelöst.

Schilder oder Fahnen auf der Piste warnen die Skifahrer vor Lawinengefahr.

Aufforstungen verlangsamen die herunterrasenden Schneemassen.

EPIDEMIEN UND LANDPLAGEN

Bestimmte Lebewesen können Katastrophen heraufbeschwören. Insekten oder Vögel zum Beispiel vermehren sich schnell und machen sich über die Ernte her. In armen Ländern verursachen sie manchmal fürchterliche Hungersnöte. Unsichtbar, aber noch gefährlicher, sind bestimmte Krankheitserreger. Sie können viele Menschen anstecken und schwere Epidemien auslösen. Das starke Bevölkerungswachstum und die große Bevölkerungsdichte in bestimmten Regionen erhöhen das Infektionsrisiko sehr stark. Durch den Flugverkehr verschnellert sich die Ausbreitung.

Malaria

Malaria ist eine Infektionskrankheit, die starkes Fieber verursacht und zum Tod führen kann. Die Krankheitserreger werden durch die Stiche von bestimmten Mücken übertragen. Malaria ist in den tropischen Ländern verbreitet. Eine Zeit lang schien die Krankheit eingedämmt, doch die Erreger sind gegen viele Medikamente unempfindlich geworden. Auch die Mücken lassen sich durch Insektizide nicht mehr bekämpfen. In den letzten Jahren hat sich die Seuche deshalb in Afrika, Asien und Südamerika fast ungehindert ausgebreitet und Millionen Tote gefordert. Um sie aufzuhalten kehrt man heute zu ganz einfachen Methoden zurück. Mar vernichtet zum Beispiel die Mückenlarven, die sich in Sümpfen und stehenden Gewässern vermehren (Abbildung oben).

Eine Landplage

Heuschrecken sind eigentlich Einzelgänger. In einiger warmen Ländern, vor allem in Afrika und Asien, bilden sie aber manchmal riesige Schwärme von 150 bis 300 Millionen Tieren. Zusammen legen sie auf der Suche nach Nahrung tausende von Kilometern zurück und können in nur 20 Tagen die Ernte eines ganzen Landes zerstören! Manchmal schließen sich auch unterschiedliche Arten zusammen wie Wüstenheuschrecken und Zugheuschrecken. Dann bleibt keine Pflanze mehr verschont: Was die einen verschmähen, schmeckt den anderen vorzüglich! Um Heuschreckenplagen erfolgreich zu bekämpfen versprüht man vom Flugzeug aus Insektizide. Als vorbeugende Maßnahme werden auch die Brutstätten und die Orte, an denen sich die Schwärme bilden, per Satellit überwacht.

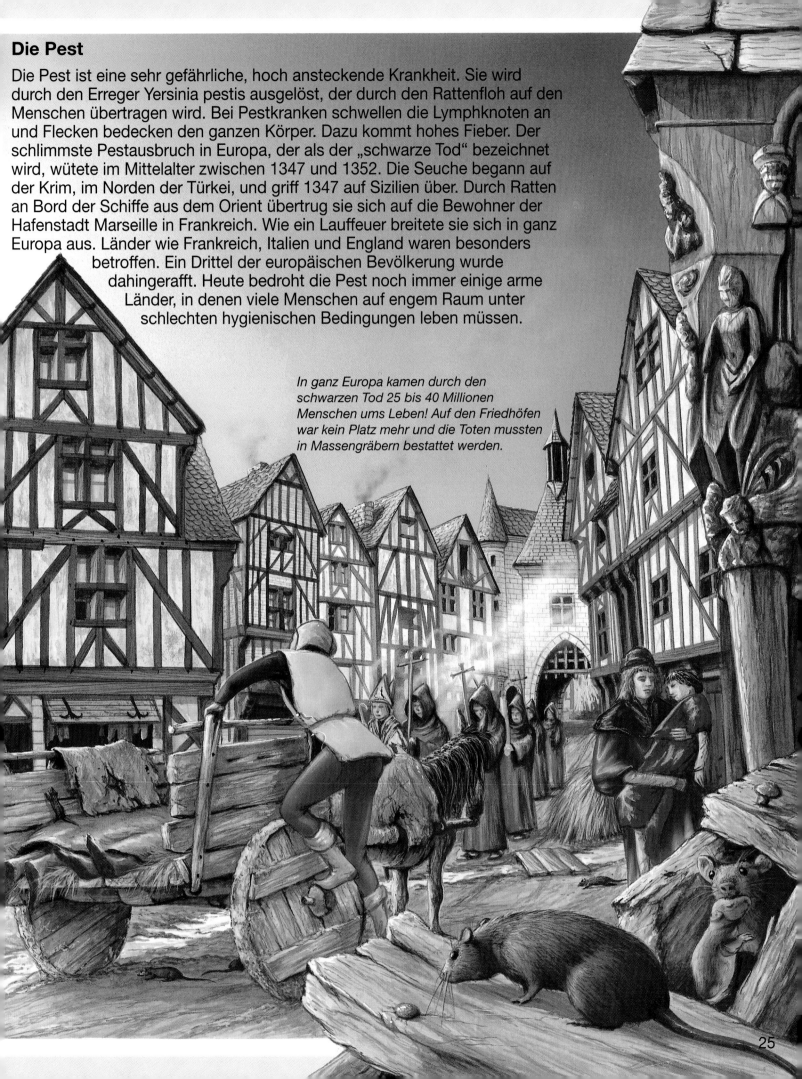

Die Pest

Die Pest ist eine sehr gefährliche, hoch ansteckende Krankheit. Sie wird durch den Erreger Yersinia pestis ausgelöst, der durch den Rattenfloh auf den Menschen übertragen wird. Bei Pestkranken schwellen die Lymphknoten an und Flecken bedecken den ganzen Körper. Dazu kommt hohes Fieber. Der schlimmste Pestausbruch in Europa, der als der „schwarze Tod" bezeichnet wird, wütete im Mittelalter zwischen 1347 und 1352. Die Seuche begann auf der Krim, im Norden der Türkei, und griff 1347 auf Sizilien über. Durch Ratten an Bord der Schiffe aus dem Orient übertrug sie sich auf die Bewohner der Hafenstadt Marseille in Frankreich. Wie ein Lauffeuer breitete sie sich in ganz Europa aus. Länder wie Frankreich, Italien und England waren besonders betroffen. Ein Drittel der europäischen Bevölkerung wurde dahingerafft. Heute bedroht die Pest noch immer einige arme Länder, in denen viele Menschen auf engem Raum unter schlechten hygienischen Bedingungen leben müssen.

In ganz Europa kamen durch den schwarzen Tod 25 bis 40 Millionen Menschen ums Leben! Auf den Friedhöfen war kein Platz mehr und die Toten mussten in Massengräbern bestattet werden.

WEITERE BEDROHUNGEN

Gefahr aus dem All

Manchmal prallen Gesteinsbrocken aus dem All auf unseren Planeten. Sie werden Meteorite genannt und können mehrere Hunderttausend Tonnen wiegen, aber das ist zum Glück selten. Vielleicht verursachte der Aufprall eines solchen Brockens vor 65 Millionen Jahren das Verschwinden der Dinosaurier. Zwei Entdeckungen sprechen für diese These: 1979 stellte man fest, dass die ganze Erde von einer feinen Schicht Iridium bedeckt ist, einem Element, aus dem Meteoriten bestehen.

1990 wurde in Südmexiko ein riesiger Krater entdeckt. Er besteht aus Quarzsand, also aus sehr stark zerkleinerten Sandkörnern, die durch einen Aufprall entstanden sein könnten. Als der Meteorit auf dem Boden aufschlug, soll er eine gewaltige Staubwolke verursacht haben. Vom Wind getrieben, habe die Staubwolke die Erde umrundet und dabei die Sonne verschleiert. Durch die Dunkelheit ging das Leben auf der Erde zugrunde.

Wie können wir uns schützen?

Hunderte solcher Gesteinsbrocken umkreisen unseren Planeten. Wenn durch einen von ihnen eines Tages Gefahr droht, kann man versuchen ihn zu zerstören oder von seiner Flugbahn abzubringen. Dazu sollen Atomsprengköpfe abgeschossen werden. Dieses Unternehmen wäre aber sehr risikoreich und unsicher.

Meteor Crater

Vor mehr als 20 000 Jahren verursachte ein Meteorit mit einem Gewicht von 100 000 Tonnen in Arizona (USA) einen gewaltigen Krater. Dieser ist 175 m tief und hat einen Durchmesser von 1,2 km. Das entspricht der Fläche von 220 Fußballstadien!

Glück gehabt!

1990 raste ein Meteorit mit einem Gewicht von 10 000 Tonnen direkt auf die Erde zu. Doch er explodierte über dem Pazifik und schmolz in der Atmosphäre.

El Niño, das launische Christkind

Aufgrund des gleichmäßigen Passatwinds fließt an der Küste Perus normalerweise eine kalte Meeresströmung entlang. Manchmal kehrt sich aber die Windrichtung um, da sich das Hochdruckgebiet (eine kalte, trockene Luftmasse) über dem östlichen Pazifik aus unerklärlichen Gründen nach Westen verschiebt. Eine warme Meeresströmung gelangt dann an die Küste Perus und erhöht die Wassertemperatur von 4 auf 6 °C. Dieses Phänomen wird El Niño genannt, das Christkind, weil es häufig zu Weihnachten auftritt. Das Besondere und Gefürchtete daran sind die immensen Klimaschwankungen, die es fast überall auf der Welt auslöst. 1983 mangelte es zum Beispiel in Indien mitten in der Regenzeit an Wasser, Südafrika und Australien erlebten eine furchtbare Dürreperiode. Australien wurde außerdem von zahlreichen Bränden verwüstet (A). Heftige Wirbelstürme zerstörten Polynesien (B) und Kalifornien. In Kolumbien kam es durch sintflutartige Regenfälle zu schweren Überschwemmungen (C).

normales Jahr
El Niño-Jahr

Tödlicher Hagel

Für die Ernte ist Hagel immer gefährlich. Für Menschen können die Hagelkörner ab einem bestimmten Gewicht tödliche Folgen haben. 1986 kamen in Bangladesch 96 Menschen durch 750 bis 1000 g schwere Hagelkörner ums Leben.

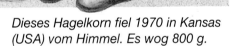

Dieses Hagelkorn fiel 1970 in Kansas (USA) vom Himmel. Es wog 800 g.

Erdrutsche

Wenn sich an einem Hang Gestein oder Erde lösen, entsteht ein Erdrutsch. Dieses Phänomen wird häufig durch heftigen Regen verursacht: Der aufgeweichte Boden verliert den Halt. Das Problem ist in stark abgeholzten Gebieten besonders schwerwiegend, denn dort gibt es keine Wurzeln mehr, die das Wasser aufnehmen und den Boden zusammenhalten könnten. Erdbeben, Vulkanausbrüche und natürliche Erosion sind ebenfalls Auslöser für Erdrutsche.

In Chile ist der Boden unter diesen Häusern infolge von Überschwemmungen weggerutscht.

27

INHALTSVERZEICHNIS

© Editions Fleurus, Paris 2000
Titel der französischen Ausgabe:
La grande imagerie, Les catastrophes naturelles
© 2009 Tandem Verlag GmbH
7Hill ist ein Imprint der Tandem Verlag GmbH
Alle Rechte vorbehalten
Gesamtherstellung: Tandem Verlag GmbH, Königswinter
ISBN 978-3-8331-8540-3
Printed in China

10 9 8 7 6 5 4 3 2 1